AF347369

LES

DEUX PITRES

GRRRANDE PARADE

LES
DEUX PITRES

GRRRANDE PARADE

Créée à Ba-Ta-Clan le 11 août 1883.

PAROLES DE

MARC CONSTANTIN

MUSIQUE DE

JULES JAVELOT

PARIS

LE BAILLY, LIBRAIRE-ÉDITEUR

6, RUE CARDINALE, — ET 2 BIS, RUE DE L'ABBAYE

FAUBOURG SAINT-GERMAIN

PERSONNAGES

PIROUETTE, saltimbanque......... M. A. Bienfait.

MISTIGRIS, son pitre.............. M. Bouchet.

---

*La scène se passe sur les tréteaux d'une baraque de
saltimbanque, à la foire de Saint-Cloud.*

LES
DEUX PITRES

SCÈNE UNIQUE

PIROUETTE, MISTIGRIS.

Les deux compères entrent ensemble, chacun d'un côté,
en criant : *Ah! ah! ah!*

ENSEMBLE
(Avec grosse caisse)

Voilà, voilà Pirouette,
Pirouette et Mistigris!
Entrez, grands et petits :
De Saint-Cloud c'est la fête,
La plus bell' de Paris!

PIROUETTE.

Je suis né dans une mansarde
Au septième au d'sous d'l'entresol;
Mon aïeul fut marchand d'moutarde,
Mon pèr'tenait l'théâtr'Guignol
Où l'on voit l'spectacl' pour un sol!

MISTIGRIS.

Mon oncl' vendait des contremarques,
Ma tante, si je m'en souviens,
Criait: A la barque! à la barque!
Et ma mèr', fill'de Bohémiens,
Sous le pont-Neuf tondait les chiens!

PIROUETTE.

Tous deux d'illustre race, comme vous voyez! Mais avant de commencer la séance, permettez-moi, mesdames et messieurs, que j'ai bien l'honneur de saluer, de vous présenter mon noble pitre Mistigris.

Mon noble pitre, saluez la société.

MISTIGRIS.

Saler la société?

PIROUETTE.

Saluer! tu sais bien que l'on ne sale que les.....

MISTIGRIS.

Patron.....

PIROUETTE.

Tu es un insolent!

MISTIGRIS.

Je le sais, patron; mais ce que vous ne savez pas, c'est la différence qu'il y a entre un pêcheur et un sourd.

PIROUETTE.

Voyons?

MISTIGRIS.

C'est que le pêcheur tend ses filets, et que le sourd n'entend pas. (Pirouette hausse les épaules avec pitié.)
Eh! savez-vous l'orthographe?

PIROUETTE.

Je ne connais pas l'orthographe; mais toi qui es ferré.....

LES DEUX PITRÉS.

MISTIGRIS.

Je suis ferré ?

PIROUETTE.

Sur la géographie ; pourrais-tu me dire la différence entre un tailleur et un cordonnier paresseux ?

MISTIGRIS.

C'est que quand il n'est pas chez lui, le cordonnier paresseux est ailleurs.

PIROUETTE.

Non : c'est que le cordonnier paresseux se croise les bras, et le tailleur se croise les jambes.

MISTIGRIS.

C'est juste ! et pourquoi le soleil a-t-il l'air d'un marchand de calicot ?

PIROUETTE.

Dis-le-moi, je t'en conjure, dis-le moi.

MISTIGRIS.

C'est parce que le soleil est un chef de rayons.

PIROUETTE.

C'est évident ! Ah ça, permets que je te congratule : l'ambassadeur du Maroc vient de m'apprendre que tu étais marié depuis trois mois.

MISTIGRIS.

C'est vrai, patron, avec une vraie rosière, et je suis déjà père ; mais ça me taquine parce qu'il faut plus longtemps que ça, je crois.

LES DEUX PITRES.

PIROUETTE.

Rien de plus simple cependant:
Tu es marié depuis trois mois, pas vrai?

MISTIGRIS.

Oui, patron.

PIROUETTE.

Depuis combien de temps est-elle mariée avec toi?

MISTIGRIS.

Trois mois.

PIROUETTE.

Depuis combien de temps êtes-vous mariés l'un avec l'autre?

MISTIGRIS.

Trois mois.

PIROUETTE.

Eh bien, fais l'addition, tu vois bien que cela fait neuf mois.

MISTIGRIS.

Tiens, c'est vrai, je n'y avais pas songé!

PIROUETTE.

Mais, es-tu heureux? ta femme a-t-elle des capitaux?

MISTIGRIS.

Ah! patron, en fait de capitaux, elle n'a que les sept péchés.

PIROUETTE.

Bah! il vaut mieux essuyer des contrariétés que des assiettes.

MISTIGRIS.

Oh ! quoique votre domestique, ce n'est pas moi qui essuie vos assiettes.

PIROUETTE.

Ce n'est pas toi?... Et qui donc?

MISTIGRIS.

C'est votre chien Azor ; il s'en acquitte bien mieux que moi, et c'est plus tôt fait.

PIROUETTE.

Misérable ! je vous ferai museler tous les deux.

Mais, assez causé, le public s'impatiente, il lui tarde de nous apporter ses monacos pour passer dans notre escarcelle...

MISTIGRIS.

Alors, en avant la musique !

ENSEMBLE

Voilà, voilà Pirouette,
Pirouette et Mistigris !
Entrez, grands et petits :
De Saint-Cloud c'est la fête,
La plus bell' de Paris !

PIROUETTE. (Même air qu'au commencement.)

Je veux vous laisser la surprise
De la séance de ce soir.
Nous ne tenons pas à la mise :
Chacun s'y place, et l'on peut voir
Qu'la blouse y coudoi'l'habit noir.

MISTIGRIS. (Même air qu'au commencement.)

Messieurs, ne vous y fiez guère,

N'en croyez pas un traître mot !
Le patron voudrait vous la faire
Afin d'pincer vos monacos
Et mettr'du beurr'dans son tricot !

PIROUETTE.

Tu vas recevoir un coup de pied au bas du dos !

MISTIGRIS.

Ça m'est égal, je vous le rendrai !

PIROUETTE.

Insolent ! Ce n'est pas à sucer de la glace que tu as le nez rouge comme ça ! Tu n'es qu'un ivrogne !

MISTIGRIS.

Moi, patron ! je n'ai bu que du lait pendant toute une année.

PIROUETTE.

Toute une année ?

MISTIGRIS.

Oui, patron : il est vrai que c'est l'année où j'étais en nourrice.

PIROUETTE.

Ah ! c'est différent ! — Mesdames et messieurs, militaires et bonnes d'enfants, l'un ne va pas sans l'autre. Le spectacle que allons avoir l'honneur.....

MISTIGRIS. (Criant.)

Ce n'est pas vrai !

PIROUETTE.

Comment ? Ce n'est pas vrai ! Ah ça, tu es encore ma-

lade? Cependant, ce matin, je t'ai donné une ordon-
nance : l'as-tu suivie?

MISTIGRIS.

Je m'en serais bien gardé.

PIROUETTE.

Et pourquoi?

MISTIGRIS.

Parce que je l'ai jetée par la fenêtre, et si je l'avais
suivie, je me serais cassé le cou.

PIROUETTE.

Tu ne seras jamais qu'un âne! Tu n'as pas la moindre
éducation. Es-tu membre de l'Institut seulement?

MISTIGRIS.

Oui, patron.

PIROUETTE.

Je t'en complimente! Raconte-moi donc ça !

MISTIGRIS.

Eh bien, patron, vous saurez que l'on m'a reçu une
pièce au Théâtre-Français.

PIROUETTE.

Ah! c'est fort bien ! Et quelle est cette pièce? Un
drame? une tragédie?

MISTIGRIS.

Non, patron, c'est une pièce de cent sous que j'ai don-
née au contrôle pour payer ma place. C'est là où j'ai
appris la ressemblance qu'il y a entre de jeunes enfants
et de vieilles chemises.

PIROUETTE.

Et quelle est cette ressemblance?

MISTIGRIS.

C'est qu'aux uns et aux autres, il faut leur maître d'école.

PIROUETTE.

C'est évident. Mais je vais t'apprendre une nouvelle à sensation.....

MISTIGRIS.

Allez-y !

PIROUETTE.

Eh bien, tu sauras qu'il est question de traduire la lune en police correctionnelle.

MISTIGRIS.

Ah ! Et pourquoi ?

PIROUETTE.

Pour vagabondage, car elle ne fait que changer de quartier.

MISTIGRIS.

C'est bien fait pour elle !

PIROUETTE.

Mais le public s'impatiente, il est temps de commencer la séance.

ENSEMBLE

Voilà, voilà Pirouette,
Pirouette et Mistigris!
Entrez, grands et petits :
De Saint-Cloud c'est la fête.
La plus bell' de Paris !

PIROUETTE. (Même air qu'au commencement.)

Je cours toujours de ville en ville,
De Carpentras jusqu'au Pérou !
J'aim'la Bourgogne et j'ador'Lille,
J'affectionn'la fêt'de Saint-Cloud
De Batignolle et d'Montretout !

MISTIGRIS. (Même air qu'au commencement.)

Moi, je préfèr'surtout la foire
De Saint-Denis ou celle de Caen,
Et j'ai vu, vous pouvez m'en croire,
Je m'en souviens d'puis bien longtemps,
Cell' de *Cett'*, *Sens*, *Trent'*, *Troi'*, *Milan.*

PIROUETTE.

Comment, comment, 733,000 ans !
Tu veux m'en imposer !

MISTIGRIS.

Non, patron. Ce sont les villes de Cette, de Sens, de
Trente, de Troie et de Milan.

PIROUETTE.

Tu abuses de ma patience ! car, enfin, tu ne saurais
seulement pas dire à l'aimable société la ressemblance
qu'il y a entre des roses et une paire de bottes ?

MISTIGRIS.

Le diable m'emporte si ça se ressemble !

PIROUETTE.

C'est pourtant bien simple : c'est que tous deux se fa-
nent sur leur tige...
Mesdames et messieurs, les bêtises de Mistigris m'ont
empêché de vous annoncer le spectacle que je.....

MISTIGRIS.

Patron, un dernier mot : quelle différence il y a-t-il
entre une jeune fille et un canard aux navets ?

PIROUETTE.

Tu es si bête que je vais te quitter.

Je pars pour Cracovie, arrondissement des Batignol-
les ; tu viendras me rejoindre par le télégraphe électrique.

MISTIGRIS.

Mais, patron, qu'est-ce que c'est que le télégrife élec-
trac ?

PIROUETTE.

Électrique ! imbécile ! Eh bien, c'est un fil que l'on
touche par un bout et qui écrit par l'autre bout.

MISTIGRIS.

Je ne comprends pas, patron !

PIROUETTE.

C'est pourtant bien simple ! Eh bien, tu as un chien ;
je suppose qu'il a une queue longue comme de ton village à Paris, n'est-ce pas? Tu lui marches sur la queue
dans ton village et il aboie à Paris ; ce n'est pas plus
malin que ça.

MISTIGRIS.

Tiens, c'est vrai !

PIROUETTE.

Ah! c'est que j'ai vu tant de choses dans mes
voyages !

MISTIGRIS.

Vous avez donc parcouru le monde, comme Joconde

PIROUETTE.

Sans doute, et si tu veux le savoir, écoute :

> J'ai parcouru l'Europe entière
> A cheval sur un éléphant
> Qui traversait chaque rivière
> Sur le dos d'un poisson volant,
> Produit d'un lièvre et d'un merlan.

MISTIGRIS.

> Dans les glaciers de la Norvège
> De chaleur je suis mort trois fois,
> Et j'ai cueilli des petits pois
> Fricassés tout seuls dans la neige !
>
> (Quatre mesures de grosse caisse pour refrain.)

PIROUETTE.

De plus fort en plus fort !

> — J'ai vu pousser des pommes cuites
> Sur des champignons vénéneux ;
> J'ai vu des carpes et des truites
> En fureur se prendre aux cheveux
> A propos d'un merle amoureux !

MISTIGRIS.

> J'ai vu de savantes grenouilles
> Qui chantaient comme la Patti.
> Puis encore un canard rôti
> Avalant trois mètres d'andouilles !
>
> (Grosse caisse.)

PIROUETTE.

Mesdames et messieurs, n'écoutez plus les bêtises de

Mistigris, mettez la main à la poche et prenez vos billets au bureau ! Suivez, suivez le monde !

PIROUETTE et MISTIGRIS. (Criant ensemble pendant la musique.)

C'est étonnant, renversant, abracadabrant ! Deux sous les premières, quatre sous les secondes ! Suivez, suivez le monde ! (Grosse caisse.) C'est l'instant, c'est le moment ! On lève la toile ! Ça y est !

FINALE

ENSEMBLE
(Avec grosse caisse.)

Voilà, voilà Pirouette
Pirouette et Mistigris !
Entrez, grands et petits,
De Saint-Cloud c'est la fête,
La plus bell'de Paris

(Ils font de grands gestes et disparaissent.)

Paris. — Imp. Vᵉ P. LAROUSSE et Ciᵉ, rue Montparnasse, 19.

www.ingramcontent.com/pod-product-compliance
Lightning Source LLC
LaVergne TN
LVHW010821180726
843502LV00009B/3466